JACQUES SALOMÉ

Das kleine Übungsheft

Sich selbst und andere lieben

Aus dem Französischen von
Claudia Seele-Nyima

Illustrationen von Jean Augagneur

TRINITY

Jacques Salomé ist Sozialpsychologe und hat über 30 Jahre Seminare zum Thema zwischenmenschliche Beziehungen durchgeführt. Er ist Autor zahlreicher Bücher zum Thema Kommunikation, die in mehr als 19 Sprachen übersetzt wurden. Die von ihm begründete Methode ESPERE wird heute von rund 80 Ausbildern des Instituts ESPERE (Paris) gelehrt.

Die Originalausgabe ist erstmals 2012
bei Éditions Jouvence erschienen.
Titel der französischen Originalausgabe:
Petit Cahiers d'Excercices – Pour apprendre à s'
aimer, à aimer et pourquoi pas à être aimé(e)

Umschlaggestaltung: Guter Punkt, München
Satz: Veronika Preisler, München
Druck und Bindung: Pustet, Regensburg
ISBN 978-3-95550-035-1

Dieses kleine Übungsheft möchte erst einmal einige utopische Vorstellungen über die Liebe zurechtrücken, mit diversen Überzeugungen aufräumen und einige Illusionen entzaubern.
Die Liebe, dieses unergründliche Mysterium, war schon seit Beginn der Menschheit Gegenstand vielfältiger Fragen und Forschungen. Immer noch ist sie sehr gefragt, gleichzeitig wird ihr aber auch oft übel mitgespielt, und darin liegt die Ironie dieses erstaunlichen und mitunter unpassenden Gefühls.
Dieses kleine Heft möchte Sie – ganz unabhängig von Ihrem Alter – stärker dafür sensibilisieren und darauf vorbereiten, sich auf das Abenteuer Liebe einzulassen, Erfahrungen zu machen und sich damit auseinanderzusetzen.
Lassen Sie uns von einer ganz einfachen Annahme ausgehen:

Wenn ich mich selbst nicht lieben kann,

wird es mir sehr schwer fallen, zu lieben.

Wenn ich mich selbst nicht liebe,

laufe ich Gefahr, ständig das Bedürfnis zu haben, geliebt zu werden.

Dadurch kann es passieren, dass ich den Menschen, den ich vermeintlich liebe, zu bestimmten Einstellungen oder Verhaltensweisen dränge, denen er nicht viel abgewinnen kann – sind sie doch Teil eines Austauschs, der auf Vereinnahmung, Kontrolle oder einfacher ausgedrückt, auf besitzergreifenden Beziehungen basiert.

Sich selbst lieben lernen – das ist nicht immer leicht, wie wir noch sehen werden. Man könnte sogar sagen, dass es mitunter sehr schwierig ist! Unsere Fähigkeit, uns selbst und andere zu lieben und Liebe anzunehmen, hängt von folgenden Dingen ab:

- von den (positiven oder weniger positiven) **BOTSCHAFTEN**, die wir in unserer Kindheit erhalten haben,
- von den (befreienden oder hemmenden) **VERHALTENSREGELN**, die uns auferlegt wurden,
- von den **WIEDERGUTMACHUNGSAUFTRÄGEN UND VERPFLICHTUNGEN**, die wir verinnerlicht haben,
- von der **KONFRONTATION** mit mehr oder weniger traumatisierenden Erlebnissen – frühen oder solchen, die noch nicht lange zurückliegen. Die Begegnung mit der Liebe serviert uns einen Cocktail aus außergewöhnlichen Entdeckungen und unabsehbaren Veränderungen – für manche birgt sie vielleicht auch einen Weg, der von Missverständnissen, mitunter sogar Leiden geprägt ist.

Eines vorweg: Wenn ich von Liebe schreibe, die wir für uns selbst empfinden können – ich bezeichne sie als **Selbstliebe** –, dann handelt es sich nicht um narzisstische, egozentrische Liebe, die darauf aus ist, sich als außergewöhnlicher Mensch mit sämtlichen positiven Eigenschaften oder als »toller Liebender« darzustellen (ich habe nicht »toller Liebhaber« geschrieben!). Selbstliebe ist eine Schwingung, eine Bewegung, die von innen kommt und sich auf subtile, indirekte Verankerungen stützt. Auf den folgenden Seiten werden wir sie nach und nach entdecken. **Selbstliebe** ist ein **Gefühl**, bestehend aus Wohlwollen, Respekt und Offenheit, das wir uns insgesamt entgegenbringen. Es handelt sich um eine innere Regung, die alle unsere Lebenressourcen mobilisiert, ihnen Farbe verleiht, sie belebt. Das wiederum macht es uns möglich, andere zu lieben, also Liebe zu geben und anzunehmen. Tatsächlich können wir, wenn wir uns selbst genug lieben, die Liebe anderer annehmen, ohne sie zu fordern, ohne ihr den Wert abzusprechen und ohne sie zu missbrauchen oder zurückzuweisen.

Wagen Sie, sich selbst zu lieben!

Wie kann man es wagen, sich selbst lieben zu lernen – oder besser noch, wie kann man lernen, auf diese Weise das Risiko zu lieben einzugehen? Ist das nicht eine unerreichbare Herausforderung, quasi eine Art Selbstbefriedigung, nichts als eine weitere Illusion?

Wir alle wissen (zumindest diejenigen, die an einem bestimmten Moment ihres Lebens gespürt haben, wie sie von der Liebe erfasst, in Entzücken versetzt und aus dem Gleichgewicht gebracht wurden oder wie sie sich anfällig und verletzlich fühlten), dass es für die Liebe kein Patentrezept gibt.

Viele unserer Überzeugungen bestätigen es, unsere Sinne bestärken uns darin: Geliebt zu werden empfinden viele von uns häufig als etwas, das uns selbstverständlich zusteht. Von Geburt an erwarten wir von unseren Eltern, dass sie uns lieben, ja sogar, dass sie uns bedingungslos lieben. Diese Erwartung prägt sich schon sehr früh ein und wird zur Gewissheit: Geliebt werden und lieben sollte ganz natürlich, spontan, einfach menschlich sein.

Und dann entdecken wir früher oder später, dass das **GEFÜHL DER LIEBE** (oder die Gefühle der Liebe, denn sie können vielfältig sein) ein **mögliches** Gefühl ist, unkontrollierbar, das sich vor allem zufällig und unvorhersehbar einstellt oder eben nicht. Es ist vollkommen unberechenbar, wir haben nicht die geringste Macht darüber. Es kann uns ohne jede Vorwarnung überfallen. Dieses Gefühl gleicht einem Wirbelsturm, der alles über den Haufen wirft und mit sich reißt. Zu alldem kommt die **HOFFNUNG** hinzu (wenn man den Mut hat, dem anderen seine Liebe zu gestehen), dass eine Antwort, eine Gegenseitigkeit möglich ist. Und wie viele andere, meinen auch wir mehr oder weniger bewusst, unsere Liebe müsse im Gegenzug ebenfalls Liebe hervorrufen.

Dieses Heft möchte unter anderem auch klären, was das Gefühl der Verliebtheit, das uns an einem bestimmten Zeitpunkt erfasst, und die mögliche Liebesbeziehung, die sich aus dieser Verliebtheit ergeben kann, voneinander unterscheidet, sodass Sie beides nicht mehr miteinander verwechseln.

So können Sie Folgendes besser verstehen:

- **Gefühl und Beziehung sind zwei ganz verschiedene Welten,** die nicht immer in einem harmonischen Verhältnis zueinander stehen.
- **Liebe allein reicht nicht aus, um zwei Wesen dauerhaft beisammenzuhalten.** Es muss etwas hinzukommen: Austausch, ein gemeinsames Miteinander in einer lebendigen Beziehung.
- **Gefühle haben ein Eigenleben,** das nicht im Geringsten unserer Macht untersteht. Ich kann nicht jemandem befehlen, mich zu lieben, wenn er oder sie es nicht tut. Ebenso wenig kann ich mir selbst befehlen, jemanden zu lieben, wenn ich ihn oder sie nicht liebe.
- **Die Beziehung, die ich anbiete, stimmt nicht immer mit der Beziehung überein, die mir der andere anbietet!** Es bleibt beiden Beteiligten jeweils selbst überlassen, dafür zu sorgen, dass sie Position beziehen, sich behaupten, sich auseinandersetzen und gemeinsam eine lebendige Beziehung aufbauen können – eine Beziehung, die die Erwartungen beider Seiten respektiert: sowohl das, was sie in die Beziehung einbringen, als auch das, was sie nicht tolerieren.
- **Das Gefühl der Liebe, das mich erfüllt, ruft nicht immer ein entsprechendes Echo hervor** (Fall einer einseitigen oder asymmetrischen Liebe). Und wenn meine Liebe vom anderen erwidert wird (gegenseitige oder symmetrische Liebe), dann folgen die Beziehungen, die sich daraus ergeben, mitunter

labyrinthischen Wegen mit komplexen Herausforderungen, abhängig vom jeweiligen Werdegang und den Lebensprojekten beider Partner.

Jedem von uns ist klar, dass es nicht reicht, zu lieben oder geliebt zu werden. Man muss sich gegenseitig eine lebendige Beziehung anbieten, voller Anregungen, ein Miteinander, offen für gegenseitigen Austausch, also offen dafür, eine gemeinsame Ebene zu finden. Das bedeutet, wir kommunizieren, und wie wir noch entdecken werden, ist es lernbar. Zumindest können wir Kommunikation lernen, wenn wir die Tatsache anerkennen, dass wir (meistens) kommunikationsunfähig sind, (manchmal auch) ausgehungert nach einem Miteinander und (unter bestimmten Umständen) heißhungrig in unseren Forderungen; gehandicapt, wenn wir etwas erhalten, sehr ungeschickt im Geben oder obendrein auch noch in Schwierigkeiten, wenn wir etwas ablehnen wollen (unfähig, Nein zu sagen, oder das Gegenteil: Wir versteifen uns aufs Ablehnen). Es kann passieren, dass wir Spezialisten der Selbstbeschränkung sind oder werden – oder aber imperialistische Alleinherrscher (die die Beziehung um jeden Preis unter ihrer Kontrolle halten wollen).

In diesem Übungsheft gibt es keine fertigen Rezepte, nur wenige Ratschläge, keine Autobahn, die Sie geradewegs ans Ziel bringt. Sie werden nur Hinweise auf einige verlässliche Wege, auf unvermutete Pfade und kleine Pisten finden, die sich vor Ihnen auftun. Letztere mögen zwar unsicher sein, regen Sie aber vielleicht dazu an, respektvoll, selbstverantwortlich und in Übereinstimmung mit gewissen Werten den Weg der Liebe zu sich selbst und zu anderen einzuschlagen. So könnten Sie gemeinsam das Potenzial einer Liebesbeziehung aufbauen – möglichst einer wunderbaren und (warum nicht?) dauerhaften Beziehung.

Zu Beginn schlage ich Ihnen einige Übungen vor, die Ihnen bestimmte Zusammenhänge bewusst machen und Ihnen verdeutlichen sollen, woher die Liebe kommt, welchen Ursprung die menschliche Liebe haben könnte.

Es sind persönliche Übungen, die Ihnen ein besseres Verständnis der Zusammenhänge ermöglichen und die Ihnen helfen, mit Ihren eigenen Lebensentscheidungen, Werten oder Ihrem tiefsten Streben im Einklang zu sein und eine bessere Verbindung zu(m) anderen aufbauen zu können.

Übung 1

Der Ursprung der Liebe – oder der fehlenden Liebe – in mir

Diese Übung verdeutlicht, woher die Liebe kommt, die in mir ist – oder woher der Mangel an Liebe rührt, den ich manchmal in mir spüre.

Wenn ich an die Liebe denke oder über sie spreche, ist es an mir,

– die Liebe zu erkennen, die ich zu geben habe, die ich in mir trage und einem Menschen schenken möchte, der sie empfängt.

Habe ich Liebe zu geben?

Ja **Nein**

Habe ich Umgang mit jemandem, der sie empfangen könnte?

Ja **Nein**

– meine Liebe und mein Bedürfnis nach Liebe besser zu unterscheiden.

Biete ich meine Liebe an, um im Gegenzug Liebe zu erhalten?

Ja **Nein**

– die Liebe zu erkennen, die ich nicht habe, und sie nicht mit der Liebe zu verwechseln, die ich gerne empfangen würde.

Erwarte ich, dass mich jemand liebt?

Ja **Nein**

Werde ich geliebt, selbst dann, wenn ich meinerseits nicht liebe?

Ja **Nein**

– nicht in dem Glauben (oder dem Irrglauben) zu verharren, dass vom anderen Liebe käme, die meinen eigenen Mangel an Liebe ausgleicht bzw. »auffüllt«.

Bin ich ein/e Liebeskonsument/in?

Ja **Nein**

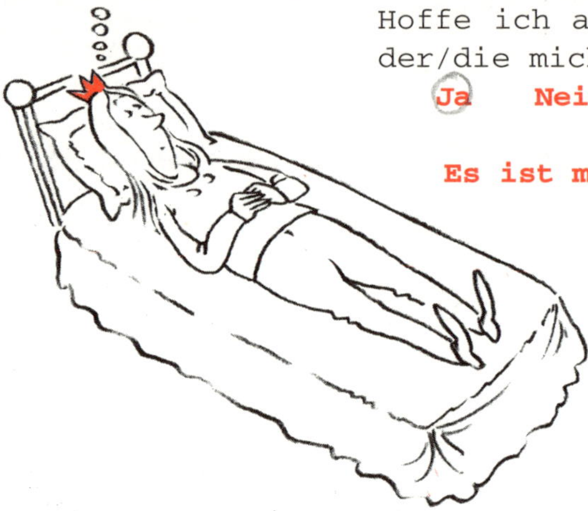

- nicht das Dornröschen-Syndrom zu entwickeln!

Hoffe ich auf den Prinzen oder die Prinzessin, der/die mich zur Liebe erweckt?

Ja **Nein**

Es ist meine Aufgabe, meine Überzeugungen und meine Auffassungen zu prüfen.

Eine bestimmte Überzeugung kann Erwartungen verdecken, die tief in den verschlungenen Wegen unseres Herzens oder unserer Vergangenheit vergraben sind.

- Glaube ich, wenn ich früher (in meiner Kindheit von meinen Eltern oder den Menschen, die an ihre Stelle getreten sind) viel Liebe erhalten habe, dann müsse ich auch in der Lage sein, Liebe zu geben? Diese Auffassung läuft auf eine einfache Gleichung hinaus:

»Wenn ich geliebt wurde, dann muss ich lieben können.«

Habe ich von meinen Eltern Liebe erhalten?

Ja **Nein**

- Glaube ich, der/die andere müsse mich lieben, wenn ich in meiner Kindheit keine Liebe erhalten habe? Wie bei kommunizierenden Gefäßen[1]: Mein Partner/meine Partnerin soll das »auffüllen«, was mir fehlt.

Wenn ich in meiner Kindheit keine Liebe erhalten habe, muss ich welche erhalten. Gilt das für mich?

Ja **Nein** habe Liebe erhalten

Wenn mir in meiner Kindheit Liebe entgegengebracht wurde, ist mein Bedürfnis, Liebe zu erhalten, vielleicht geringer?

Ja **Nein**

1 »Als Kommunizierende Röhren oder Kommunizierende Gefäße bezeichnet man oben offene, aber unten miteinander verbundene Gefäße. Eine homogene Flüssigkeit steht in ihnen gleich hoch, weil die Schwerkraft und der Luftdruck konstant sind.« (Vgl. http://de.wikipedia.org/wiki/Kommunizierende_R%C3%B6hren)

- Glaube ich, wenn ich den anderen nur genügend liebe, wird er automatisch so gerührt sein, dass er meine Liebe einfach erwidern muss? Wie in einem Beziehungstauschhandel: »Ich gebe dir, also schuldest du mir …«

Wenn ich liebe, muss ich zurückgeliebt werden.

Ja **Nein**

Wenn ich liebe, kann es sein, dass der/die andere mich trotzdem noch lange nicht liebt.

Ja **Nein**

- Glaube ich, dieser Mann oder diese Frau soll mich so lieben, wie meine Mutter oder mein Vater mich hätte lieben sollen? Wie eine offensichtliche Kompensation: »Ich habe dich gewählt, weil ich das Gefühl hatte, dass du mich lieben könntest, wie mein Vater oder meine Mutter es nicht vermochten.«

Elternliebe und Liebe zwischen Erwachsenen setze ich gleich; eines kann das andere ersetzen.

Ja **Nein**

Ich bin in der Lage, Elternliebe und Liebe zwischen Erwachsenen besser zu differenzieren.

Ja **Nein**

- Glaube ich oder hoffe ich, dass mich ohnehin keiner lieben wird, dass ich keine Liebe verdiene und dass – natürlich – der- oder diejenige, der mich zu lieben versucht, mein Vertrauen nicht verdient? Denn jemand, der so eine Niete wie mich liebt, kann ja nur eine noch größere Niete sein …

Ich verdiene es nicht, geliebt zu werden.

Ja **Nein**

Ich kann nur von jemandem geliebt werden, der noch eine größere Niete ist, als ich.

Ja **Nein** vl

Ihre Antworten sind ausschließlich für Sie selbst bestimmt. Sie sollen Ihnen als Anhaltspunkte und Leitlinien dienen, damit Sie sich selbst besser verstehen, um auf dem Weg der Liebe voranzukommen.

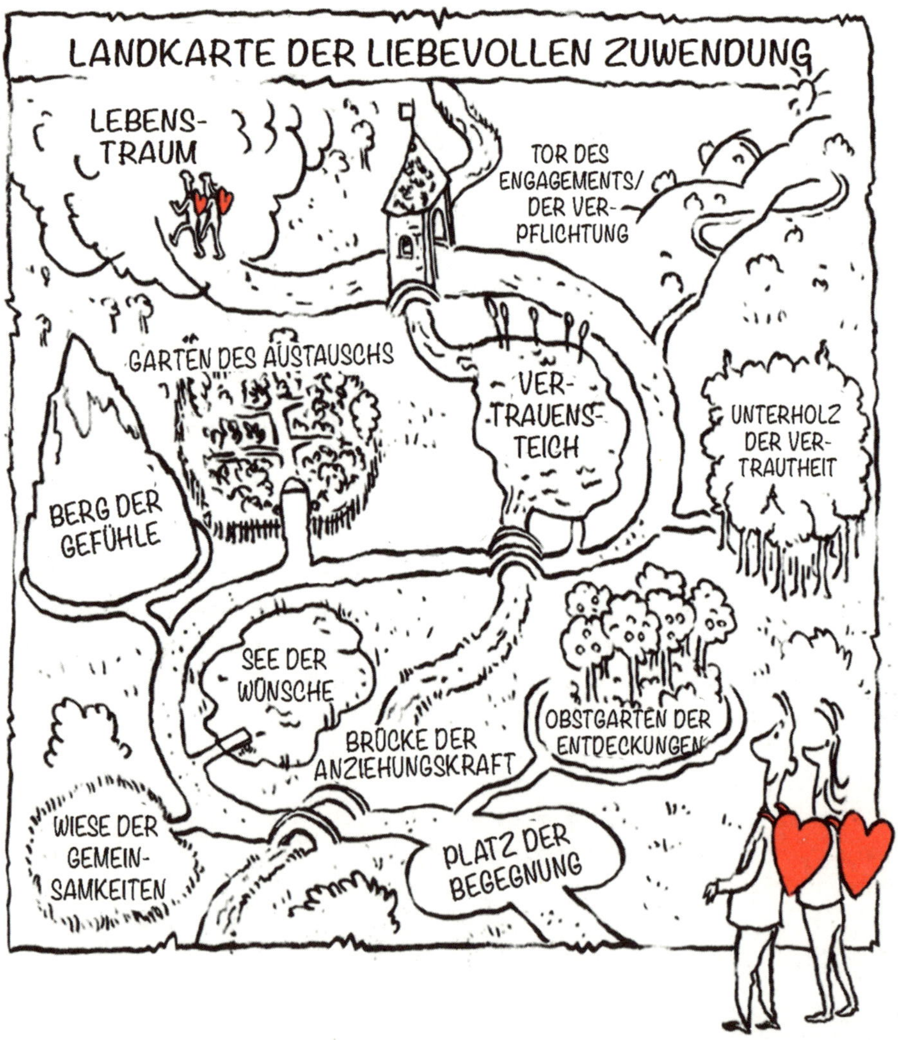

Anmerkungen zum Einstieg in die nachfolgenden Übungen

Lange habe ich geglaubt, wer von seinen Eltern viel Liebe erhalten hat, könne später auch viel Liebe an seine Umgebung weitergeben.

Als ginge es bei der Liebe um ein Problem kommunizierender Gefäße.

Wurde mir früher (von meinen Eltern oder denjenigen, die an ihre Stelle getreten sind) viel Liebe entgegengebracht, dann müsste ich meinerseits in der Lage sein, Liebe zu geben.
Das hat sich in meinem Liebesleben nicht bestätigt. Ich wurde als Kind sehr geliebt und trotzdem konnte ich nicht lieben. Lange war ich in einer Anweisung gefangen, die ich mir im Alter von acht Jahren selbst gegeben hatte. Ich war über beide Ohren in ein gleichaltriges kleines Mädchen verliebt, das mir versichert hatte, dass es mich ebenfalls liebte. Doch nach zwei Wochen verkündete sie mir: »Ich liebe dich nicht mehr, ich liebe einen anderen; der liebt mich mehr als du!« Tagelang war ich wie gelähmt und völlig niedergeschlagen. Noch Monate empfand ich heftigen Schmerz. Ich war fest davon überzeugt, meine Liebe habe keinen Wert, da sie offenbar mit der Liebe des anderen **nicht mithalten konnte.** Und ich erinnere mich, dass ich mir eines Abends, tief vergraben in meinem Bett, schwor, **mich nie wieder lieben zu lassen,** und vor allem: **selbst nie wieder zu lieben.**

Erst viel später, als Erwachsener, wurde mir bewusst, dass meine Selbstliebe sich entsprechend der Qualität der maßgeblichen Beziehungen entwickelt hatte, die in meiner Kindheit und den Anfängen meines Erwachsenenlebens von meinen Eltern, Lehrern, Freunden und Angehörigen geknüpft worden waren. Außerdem wurde mir klar: Wären in diesen Beziehungen, in diesem Austausch, mehr positive als vergiftende Botschaften an der Tagesordnung gewesen, dann hätte sich die Lebendigkeit[2] meines Wesens in ihrer Schönheit stärker in mir ausprägen können. Ich wäre »energiebildend«[3] geworden, ein Träger neuer Energien, hätte mir einen größeren Vorrat an Selbstvertrauen und Selbstachtung angelegt und mehr Freude am Dasein. Und vor allem würde ich mehr Liebe für mich selbst in mir tragen.

Hier nun aber meine Entdeckung, die mich in meiner emotionalen Entwicklung am meisten anspornte: Erhielt ich von jemandem eine »giftige« Botschaft, die mich moralisch, psychisch oder physisch verletzte, dann machte ich es mir zur Aufgabe, die Botschaft nicht in mir zu behalten, mich nicht von ihr verunreinigen zu lassen, sondern sie symbolisch der Person zurückzugeben, die sie mir aufgeladen hatte!

2 Fähigkeit eines Menschen zu leben, sich zu entfalten und sich in einer Schwingung mit einem hohen Grad an Vitalität zu entwickeln.
3 Jemand, der Energie freisetzt.

Viel später, als erwachsener Mann und Dozent im Bereich der zwischenmenschlichen Beziehungen, bezeichnete ich dieses Vorgehen als symbolische Rückgabe giftiger Botschaften an diejenigen, die sie mir aufgebürdet haben. Unabhängig davon, ob diese Botschaften die Form von Worten, Verhaltensweisen oder psychischer, moralischer oder körperlicher Gewalt annehmen: Es ist meine Sache, dafür zu sorgen, dass ich sie nicht in mir behalte, sondern sie an den Absender zurückschicke. Dies, um nicht vergiftet und verletzt zu bleiben oder in Groll und Verbitterung steckenzubleiben, und vor allem, um mich mit dem Besten in mir auszusöhnen. In der Tat habe ich gelernt, **das empfangene Schlechte zurückzugeben,** um nicht daran mitzuwirken und vor allem, um selbst mehr Verantwortung für die »Beziehungsverschmutzung« zu übernehmen, die meine Umgebung mir aufladen konnte.

Später, als mir bewusst wurde, dass auch ich diejenigen, die ich liebte oder die mein Leben teilten, belastet oder verletzt hatte, gelang es mir, einen zweiten Schritt vorzuschlagen: die symbolische Rücknahme von giftigen Botschaften und von Gewalt, die ich anderen zugefügt hatte. Ich bat sie, mir all das wieder zurückzugeben. Manche taten das, andere dagegen nicht. Sie klagten mich lieber weiterhin an, urteilten über mich oder waren verbittert: »Du hast mich ohnehin nie geliebt, du hast mich nie verstanden, meine Gefühle waren dir immer gleichgültig« etc. ... So habe ich besser verstanden, wie wichtig es für manche war, in ihrer Opferrolle zu verharren oder

Groll anzustauen, indem sie den anderen in endlose Beschuldigungen einsperrten. Auf diese Weise gerieten sie in einen Kreislauf, der sich problemlos selbst aufrechterhält.

Durch verschiedene Methoden im Bereich zwischenmenschlicher Beziehungen (ich lernte Gutes anzunehmen und das, was mir als nicht gut für mich erschien, zurückzugeben) begann ich, mich selbst zu lieben, und konnte akzeptieren zu lieben und manchmal auch wiedergeliebt zu werden.

Übung 2

Erste Anhaltspunkte und Leitlinien

Und nun eine Übung, die Ihnen einige Orientierungspunkte geben soll – so werden Sie besser verstehen, ob und inwieweit Sie von der Liebe oder dem Gefühl des Verliebtseins abhängig sind.

Zum besseren Verständnis und zur Eingrenzung:

War Elternliebe (die Liebe, die ich von meinen Eltern erhalten habe) für mich eine **bedingungslose** Liebe, selbstverständlich und automatisch immer vorhanden (selbst wenn meine Beziehung zu ihnen angespannt oder schwieriger wurde); oder war sie **an Bedingungen geknüpft,** voller Erwartungen, Pflichten, Ängste oder Wünsche?

Leistung/Schule!

Kind ☒ bedingungslos ☒ an Bedingungen geknüpft

War die Liebe, die ich von meiner Mutter erhalten habe, bedingungslos oder an Bedingungen geknüpft?

☐ bedingungslos ☒ an Bedingungen geknüpft

War die Liebe meines Vaters bedingungslos oder an Bedingungen geknüpft?

☐ bedingungslos ☒ an Bedingungen geknüpft

War die Liebe anderer Menschen (naher Angehöriger oder anderer) bedingungslos oder an Bedingungen geknüpft?

☐ bedingungslos ☒ an Bedingungen geknüpft

Ließ die Liebe meiner Eltern (wenn meine Mutter oder mein Vater nicht zu besitzergreifend, vereinnahmend oder ängstlich waren) es zu, dass ich fortgehen und sie verlassen konnte – ohne Schuldgefühle und unabhängig genug, um mir mein eigenes Erwachsenenleben aufzubauen, ein Liebesverhältnis und vielleicht eine langfristige Partnerschaft einzugehen oder sogar eine Familie zu gründen? Partner wurden nicht akzeptiert.

☐ **Ja; und wie hat die Liebe meiner Eltern das bewirkt?**

....

....

☒ **Nein; und wie hat die Liebe meiner Eltern das bewirkt?**

....

....

Konnte ich verinnerlichen, dass die Liebe, die ich in einer Liebesbeziehung zu bieten habe oder die ich erhalte, so beschaffen ist, dass sie eine dauerhafte Beziehung kreieren kann, die über eine kurzfristige Begegnung hinausgeht? ☐ Ja ☒ Nein

Habe ich mich entschieden, meine Liebesbeziehungen als eine Abfolge von Begegnungen zu gestalten, die in der Gegenwart gelebt werden, ohne zu viele langfristige Pläne? ☐ Ja ☒ Nein

Übung 3

Von der Liebe zur Partnerschaft

Wenn Elternliebe uns ohne Gegenleistung zuteil wird, bedingungslos und ohne Beziehungstauschhandel, kontinuierlich und konsequent, dann bildet sie in uns eine grundlegende Sicherheit aus. Diese Sicherheit ermöglicht uns später, Liebesbeziehungen und Partnerschaften einzugehen, die auf Gegenseitigkeit beruhen, ohne dass wir in Versuchung geraten, jemandem eine Beziehung aufzudrängen, die auf Unterordnung, Kontrolle oder Macht beruht.

Ist das bei mir der Fall? habe keinen Partner

weil ich Angst davor habe, ...

....

Denn wie viele Liebesbeziehungen werden dadurch verletzt und geschädigt, dass ein Partner dem anderen seine Lebensentscheidungen, seine Wünsche, seine Überzeugungen oder auch seine eigenen Irrtümer aufdrängt!

Bin ich in einer solchen Beziehung?

- ❑ Liegt es an mir?
- ❑ Liegt es an meinem Partner/meiner Partnerin?

Gegenseitige Liebe erkennt man daran, dass man sie dem geliebten Menschen mit dem Wunsch anbieten kann, so lange wie möglich mit ihm zusammenzubleiben.

❑ **Trifft das auf mich zu? Warum (nicht)?**

....

....

❑ **Trifft das auf meinen Partner/meine Partnerin zu? Warum (nicht)?**

....

....

Später werden wir noch sehen, wie man den Übergang von der **kurzfristigen Liebesbegegnung** (die nur auf die Gegenwart bezogen ist und auf kurze Sicht geplant wird) zur **Partnerschaft** (mit einem gemeinsamen langfristigen Lebensprojekt) gestalten kann. Eine Beziehung, die beidseitiges Engagement voraussetzt und die Bereitschaft, sich auf ein Abenteuer einzulassen, bei dem anfangs keiner der Beteiligten weiß, wie er richtig mit den Herausforderungen umgehen soll.

- ☐ Ist es mein tiefer Wunsch, bei der kurzfristigen Begegnung zu bleiben und mich nicht langfristig zu engagieren?
- ☒ Ist es mein tiefer Wunsch, zu einer Partnerschaft überzugehen, mit langfristiger gegenseitiger Verpflichtung?

Übung 4

Die Zutaten der Liebesbegegnung

Dank dieser Übung können Sie prüfen, ob die für eine Liebesbeziehung nötigen »Zutaten« oder »Komponenten« zwischen Ihnen und Ihrem Gegenüber stimmen.

Fühle ich mich angezogen?

Damit ist eine Bewegung gemeint, die mich auf die betreffende Person zutreibt – nicht zu verwechseln mit der umgekehrten Bewegung (wenn ich versuche, sie anzuziehen!). ☐ Ja ☐ Nein

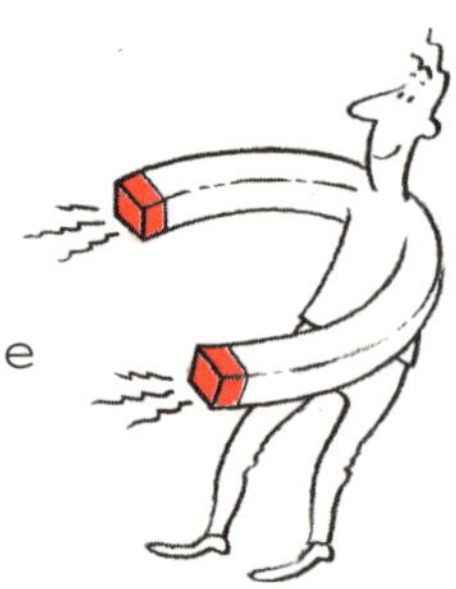

Nehme ich bei dem/der anderen eine ähnliche Bewegung wahr?

Spüre ich, dass die betreffende Person meine Gegenwart sucht, dass sie gerne auf mich zukommen möchte (und nicht versucht, mich zu sich zu ziehen, mich zu verführen, mich einzunehmen)? Mein Narzissmus mag zwar auf seine Kosten kommen, wenn jemand versucht, mich zu verführen (mich zu ihm oder seinen Wünschen hinzuleiten), aber dennoch ist es besser, wenn diese Bewegung auf mich zukommt – von sich aus und vorzugsweise spontan. ❑ Ja ❑ Nein

Ermögliche ich es mir herauszufinden, ob wir Gemeinsamkeiten haben?

Haben wir gemeinsame Interessensgebiete, Leidenschaften und Dinge, für die wir uns begeistern, die übereinstimmen (oder nicht) oder die – warum nicht – sogar gegensätzlich sind? Denn gegensätzliche Neigungen können den Tanz der Neuronen unter Umständen sehr beleben! Und gemeinsame Leidenschaften könnten vielleicht (wenn die Gemeinsamkeit allzu stark ausgeprägt ist) mit der Zeit und im Laufe der Jahre ein bisschen »einschläfernd« wirken, wer weiß?

❑ Ja ❑ Nein

Habe ich Wünsche, die auf den/die andere/n gerichtet sind?

Bitte verwechseln Sie nicht »**meine Wünsche, die auf die Person gerichtet sind**« mit »**Wünsche an Sie**« (Letztere sind Wünsche, die auf Besitzergreifen aus sind, mitunter darauf, zu »konsumieren«, und die genau deswegen Gefahr laufen, übergriffig oder sogar terroristisch zu sein). Es sind Wünsche, die natürlich von ihrer Art (oder Unart) her auch sexuell sein können. ❑ Ja ❑ Nein

Hat er/sie solche auf mich gerichteten Wünsche?

❑ Ja ❑ Nein

Welcher Art?

....

....

Spüre ich ein Gefühl der Liebe in mir?
Nicht zu verwechseln mit einer Empfindung! ❑ Ja ❑ Nein

Fühle ich mich wohl, habe ich Empfindungen des Vertrauens und der Hingabe, die bewirken, dass ich den Kontakt oder die Gegenwart der- oder desjenigen suche (ohne dass ich deswegen tiefere Gefühle der Liebe für die Person habe)?
❑ Ja ❑ Nein

Habe ich negativere Empfindungen der Ablehnung, der Abscheu, der Abwehr, die mich auf Distanz halten und mich von der Person entfernen? ❑ Ja ❑ Nein

Oder bin ich hin- und hergerissen, ambivalent? Ich habe Gefühle … - aber ich empfinde Unsicherheit, habe schon Kritik in Bezug auf seine/ihre Art, sich zu kleiden, zu sprechen, zu essen, in Bezug auf seine/ihre Vorstellungen?
❑ Ja ❑ Nein

Bin ich mit meinen eigenen Gefühlen im Reinen?
Was empfinde ich, wenn der/die andere mich liebt, ich aber seine Gefühle überhaupt nicht erwidere? ❑ Ja ❑ Nein

Es ist einem zwar nicht immer bewusst, aber ich kann mich dagegen wehren, zu lieben:

- ☒ Aus Angst, leiden zu müssen, wenn ich später verlassen oder betrogen werde;
- ❑ Weil ich eine Beziehung hinter mir habe, die ein schlechtes Ende genommen hat, und ein bisschen Zeit brauche, um wieder zu mir zu finden;
- ❑ Oder, weil ich fürchte, dass mich dies zu schnell in eine Richtung einschlagen lässt, die mich beunruhigt?

Übung 5

Zum Prüfen meiner derzeitigen Fähigkeit zu lieben

Dies ist eine nützliche Übung, um zu prüfen, wie weit ich fähig bin zu lieben.

Wie gehe ich mit den verschiedenen Kombinationen um, die sich zwischen den vier Begriffen ergeben können?

Selbstliebe

Bedürfnis, geliebt zu werden

ich

Liebe zu einer anderen Person

Bedürfnis zu lieben

Gefühl, mich selbst nicht zu lieben

Sehr starkes Bedürfnis, geliebt zu werden

ICH

Wenig Liebe zu anderen

Bedürfnis, um jeden Preis zu lieben

Hierbei ist Folgendes festzuhalten:

❶ Wenn ich mich selbst nicht liebe, bin ich in einem Zustand der »Bedürftigkeit«. Ich brauche es, zu lieben und geliebt zu werden, ohne dabei jedoch wirklich in der Lage zu sein, Liebe zu geben.

❷ Wenn ich mich selbst liebe, bin ich weniger »bedürftig«. Ich habe vor allem ein geringeres Bedürfnis, geliebt zu werden. Gleichzeitig bin ich in der Lage, Liebe zu geben.

Übung 6
zum besseren Verständnis des Unterschieds zwischen GEFÜHL und EMPFINDUNG

Ich muss mir vergegenwärtigen, dass die EMPFINDUNG an eine Situation, an ein Verhalten gebunden ist, sie ist vorläufig (wenn sie nicht zu einer Fixierung wird). Ein GEFÜHL ist dagegen an eine Person geknüpft, es ist dauerhaft, unabhängig davon, ob es geteilt bzw. erwidert wird oder nicht.

GEFÜHLE und EMPFINDUNGEN werden häufig miteinander verwechselt. Man könnte sagen, dass es nur ein einziges GEFÜHL gibt:

das Gefühl der Liebe.

- ❑ Ich habe Liebe in mir,
- ❑ oder ich habe keine.

Ein GEFÜHL ist an **eine Person** gebunden,
Ein Gefühl ist dauerhaft, auch wenn seine Dauer nicht festgelegt ist (denn niemand weiß im Voraus, wie lange eine Liebe anhält). Diese unbestimmte Dauer kann begrenzt werden durch Tod (Trennung, die dem/der Hinterbliebenen aufgezwungen wird), eine Scheidung (Trennung, die der Partner, der gehen will, wählt und die dem, der in der Beziehung bleiben will, aufgezwungen wird).

Denken Sie an eine Person oder auch mehrere, für die Sie tiefere Gefühle haben, und tragen Sie ihre Namen hier ein:

....

....

....

....

....

....

Die **EMPFINDUNG** hingegen ist an **ein Verhalten, eine Situation, ein Ereignis** geknüpft und flüchtiger. Sie kann sich in Groll verwandeln oder zur Fixierung werden, wenn sie einen sensiblen Punkt in unserer Lebensgeschichte berührt, eine Wunde aus der Kindheit wieder aufreißt oder eine nicht abgeschlossene Situation reaktiviert.

Nennen Sie hier eine oder mehrere Empfindungen, die noch nicht lange zurückliegen:

....

....

....

Trennen Sie die **POSITIVEN EMPFINDUNGEN** von den **NEGATIVEN EMPFINDUNGEN**. Schwierigkeiten, Empfindungen in Worte zu fassen, haben nämlich häufig zur Folge, dass ich mein Gegenüber kritisiere (»Du hast nie Lust auf mich«, »Du bist nicht normal«, »Du bist frigide«); denn ich bin nicht in der Lage zu sagen, dass ich enttäuscht, frustriert, verbittert oder im Zweifel bin, weil der/die andere nicht dasselbe Verlangen hat wie ich.

POSITIVE EMPFINDUNGEN	NEGATIVE EMPFINDUNGEN
....	....
....	....
....	....
....	....
....	....
....	....
....	....
....	....

Übung 7
Lernen, mich selbst zu lieben

Wenn ich verstanden habe, dass meine Fähigkeit andere zu lieben, von der Liebe abhängt, die ich für mich selbst habe (oder auch nicht), dann muss ich mich mit Themen rund um die heikle Frage beschäftigen:

Wie lerne ich, mich zu lieben?

Habe ich in meiner Kindheit und in der jüngeren Vergangenheit in meinen wichtigen Beziehungen Erfahrungen gemacht, bei denen die positiven (wohlwollenden, befriedigenden, ermutigenden, anregenden, wertschätzenden) Botschaften dominierten?
Hier das Beispiel für eine Botschaft, nachdem ich als Kinderbetreuer (oder »großer Bruder«) im Einsatz war: »Ich habe großes Vertrauen zu dir, ich würde dir meine Kinder jederzeit wieder anvertrauen«, oder auch: »Ich schätze es wirklich, wie du deine Cousins empfangen hast. Sie kamen aus dem Ausland und fühlten sich offenbar ein bisschen verloren, aber du hast ihnen dein Fahrrad geliehen und so dafür gesorgt, dass sie sich wohlfühlten.«
❑ Ja ❑ Nein

Welche Botschaften haben sich mir am stärksten eingeprägt?

....

....

Wenn das der Fall war, habe ich sicherlich gespürt und gemerkt, dass in mir Folgendes passierte:

- ❑ Die Lebendigkeit (größere Intensität und Ausdehnung meines LEBENSpotenzials), die mich erfüllte, entwickelte sich weiter.
- ❑ Meine Energien wurden freigesetzt und verstärkten sich.
- ❑ Mein Selbstvertrauen gewann an Substanz und wurde stärker.
- ❑ Meine Selbstachtung wurde fester und beständiger.

❑ Die Liebe, die ich mir selbst entgegenbrachte (na also!) wurde genährt, belebt und freier. Es handelt sich dabei natürlich nicht um narzisstische, egozentrische Liebe, die uns mitunter überkommt »Ich bin der/die Schönste, Intelligenteste, Leistungsfähigste …«, sondern um eine wohlwollende, respektvolle, tolerante, offene Liebe, die wir alle in uns tragen können.

❑ Die Freude am Dasein, das Vergnügen zu existieren blühten in mir auf – in jedem Augenblick oder zumindest häufiger als vorher.

War ich in meiner Kindheit oder in der jüngeren Vergangenheit wiederholt mit Beziehungen konfrontiert, die mit negativen Botschaften, giftigen Äußerungen, Handlungen oder Verhaltensweisen (Abwertung, Demütigung, Zurückweisung, Werturteile über mich oder das, was ich tat) belastet waren?

Zum Beispiel: »Was hast du bloß für einen schlechten Charakter!«, »Solch, einen Egoisten, wie dich, habe ich noch nie gesehen«, »Du bist nicht nur ein Lügner, sondern auch ein Dieb! Erst so tun, als ob gar nichts wäre, und dann klammheimlich deine üblen Coups hier durchziehen!«, »Dir kann man wirklich nicht vertrauen, du fängst zehn Dinge auf einmal an und bringst nie etwas zu Ende!«

❑ Ja ❑ Nein

Welche dieser Botschaften haben sich in mir besonders stark festgesetzt?

....

....

....

....

....

Wenn das der Fall war, habe ich sicherlich gespürt …

- ❑ dass meine Lebendigkeit verletzt war und lebensschädigende Tendenzen sich in mir breit machten (ich hatte deswegen körperlich das Gefühl, dass meine natürlichen Abwehrkräfte geschwächt waren);
- ❑ dass meine Energie **auf ein Minimum reduziert** war, was mich empfindlicher und verletzlicher machte und zur Folge hatte, dass ich angesichts der Belastungen und Herausforderungen des Lebens leichter ermüdete;
- ❑ dass ich mehr zweifelte und viel weniger oder überhaupt kein Selbstvertrauen hatte;
- ❑ dass meine Selbstachtung verschwunden war: Sie hatte sich in einem diffusen, kraftlosen oder zerstückelten Bild aufgelöst, in dem ich mich zwar nicht mehr wiedererkannte, das sich mir aber trotzdem aufdrängte;
- ❑ dass ich mich selbst nicht mehr liebte, mir nur Lieblosigkeit entgegenbrachte (da haben wir es!). Ich respektierte mich kaum noch oder gar nicht mehr und hatte keine positiven Gefühle mehr für mich;
- ❑ dass ich, vom Moment des Aufstehens an, oft keine Freude am Leben hatte und den Menschen, zu dem ich geworden war, immer weniger ertrug.

Nach dieser letzten Übung sollte ich nun spüren, …

- ❑ ***ob ich Liebe in mir habe, die ich weitergeben kann,***
- ❑ ***ob es mir schwerfallen wird, zu lieben,***
- ❑ ***ob es mir schwerfallen wird, geliebt zu werden.***

Wie Sie sich mit sich selbst versöhnen können – damit die Selbstliebe leichter fällt!

Falls Sie negative, unter Umständen giftige Botschaften erhalten haben (oder noch erhalten) und verbaler, moralischer oder körperlicher Gewalt ausgesetzt waren, haben Sie die Möglichkeit, diese Botschaften durch ein Objekt zu symbolisieren und sie mit einigen passenden Begleitworten »zurückzugeben«, sie dem- oder derjenigen, die Sie Ihnen aufgebürdet hat, zurückzuschicken.

Diese Vorgehensweise aus der Praxis der symbolischen Rückgabe, die in der Methode ESPERE® gelehrt wird, s. Jacques Salomé: **Einfühlsame Kommunikation. Auf dem Weg zu einer innigen Verbindung mit sich selbst. Die Methode ESPERE**[4]), lädt Sie gewissermaßen dazu ein, Ihre »Beziehungsrohrleitungen« zu reinigen, um Ihre Beziehungen zu verbessern und sich mit Ihren besten Anteilen zu versöhnen, sodass Sie wieder zur Selbstliebe zurückfinden können. Auf diese Weise werden Sie befähigt – wenn Sie, das zuvor Gesagte im Sinn behalten –, zu lieben und Liebe zu empfangen. Sie haben also die Möglichkeit, geliebt zu werden.

Die symbolische Rückgabe von giftigen Botschaften oder Gewalt, der wir an einem bestimm-

4 Junfermann Verlag, Paderborn 2006. S. auch Monika Wilke: *Übungsbuch Einfühlsame Kommunikation. Mit sich selbst ins Reine kommen. Die Grundlagen der Methode ESPERE in zehn Schritten.* Junfermann, Paderborn 2008, und unter www.institut-espere.com.

ten Moment unserer Kindheit, unserer Jugend oder unseres Erwachsenenlebens ausgesetzt waren, ist ein ganz konkretes Mittel, das uns allen zur Verfügung steht, um ...

- ... **UNS MIT UNS SELBST ZU VERSÖHNEN,**
- ... **EIN POSITIVERES SELBSTBILD IN UNS ZU VERANKERN UND**
- ... **UM ENERGIE FREISETZEN ZU KÖNNEN, ...**

... statt diese Energie lediglich dazu zu nutzen, Spannungen, Unbehagen, Verbitterung oder Groll, die unser Leben belasten, auf einem minimalen Niveau zu halten.

Man muss sagen und hervorheben, dass diese Vorgehensweise tatsächlich meistens eine immense Erleichterung bringt. Allerdings können viele Fragen oder Widerstände den Prozess der symbolischen Rückgabe ausbremsen oder lähmen.

Übung 8

Widerstände bei der symbolischen Rückgabe visualisieren

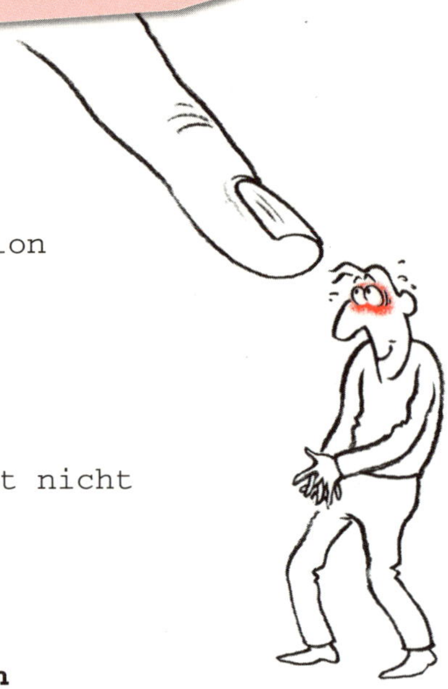

Im Folgenden finden Sie verschiedene Arten des Widerstands, die bei der symbolischen Rückgabe auftreten können. Kreuzen Sie die an, die Ihnen in einer persönlichen Situation bereits begegnet sind.

Widerstände aufgrund von Zweifeln:

- ❑ Wozu soll das überhaupt gut sein?
- ❑ Wozu die Vergangenheit wiederaufrühren?
- ❑ Vielleicht hatte der/die andere überhaupt nicht die Absicht, dir wehzutun?
- ❑ Was, wenn du dich irrst?

Widerstände bei Angehörigen
Versuche, Schuldgefühle bei Ihnen zu wecken

- ❑ Meinst du nicht, dass du ihn/sie dadurch verletzen könntest?
- ❑ Vielleicht versteht er/sie gar nicht, was das Ganze soll?
- ❑ Glaubst du nicht, dass du es damit nur noch schlimmer machst?
- ❑ Er/sie ist alt und krank. Kritisiert und beschuldigt zu werden dürfte das Letzte sein, was er/sie jetzt gebrauchen kann!

Widerstände, die mit Werturteilen anderer über uns einhergehen:

- ❑ Mit welchem Recht dringst du einfach in das Leben eines anderen Menschen ein und erinnerst ihn wieder an seine Vergangenheit?
- ❑ Du willst vielleicht deinen Spaß haben und vergisst dabei, dass der andere auch respektiert werden will?

Widerstände, die auf Ableugnen beruhen:

- ❑ Sollte man das alles nicht lieber vergessen?
- ❑ Deine Erinnerungen trügen dich. Was, wenn sich all' das nur in deiner Fantasie abspielt?

Wozu Botschaften oder Verhaltensweisen, die nicht gut für uns waren, symbolisch zurückgeben?

Zum einen können wir uns so von etwas reinigen, das in unseren Gedanken und im Körper eingekapselt ist.

Zum anderen dient die symbolische Rückgabe dazu, Energien freizusetzen, die häufig »blockiert« sind. Sie kristallisieren sich um eine Aussage oder ein Ereignis, das gelegentlich an die Oberfläche steigt oder überraschend wieder in uns aufgerührt wird (und das häufig ausgerechnet dann, wenn wir eine Erfahrung machen könnten, die uns guttut).

Durch die Rückgabe können wir uns mit einer Lebensperiode aussöhnen, die wir als schlecht erfahren haben und in der unser Selbstbild verletzt wurde. Und vor allem können wir das Beste in uns wiederfinden.

Dadurch öffnet sich uns schließlich das Tor zu größerer Freiheit und damit auch zu etwas mehr Selbstliebe.

Übung 9

Die »Beziehungsrohrleitungen« reinigen

Diese Übung zielt darauf ab, die »Rohre« in einigen maßgeblichen Beziehungen unseres Lebens zu erforschen und sie dann zu reinigen. Sie könnten durch wiederholte vergiftete Botschaften und psychische, moralische oder sogar physische Verletzungen und Gewalt verschmutzt worden sein. Die Übung soll uns Linderung verschaffen und uns vor allem von den Botschaften und der Gewalt befreien, die uns von Eltern, Geschwistern, nahen Angehörigen, Lehrern, Freunden oder Pseudo-Freunden oder auch Unbekannten aufgebürdet wurden.

Ist das bei mir der Fall? ❑ Ja ❑ Nein

Von wem wurde ich auf diese Weise »verunreinigt« bzw. belastet, verletzt, gekränkt?

....

....

....

In welcher Situation?

....

....

....

....

....

....

....

Kann ich mir vorstellen, diese vergifteten oder negativen Botschaften, diese Gewalt symbolisch zurückzugeben?
❑ Ja ❑ Nein

Um diesen Schritt zu konkretisieren, wählen Sie einen Gegenstand mit einem symbolischen Wert aus: Er soll die Botschaft oder die Gewalt, die Ihnen aufgeladen wurde, repräsentieren. Stellen Sie dann ein Päckchen mit einem Begleittext zusammen, der erklärt, dass es sich um einen symbolischen Schritt handelt, der Sie von etwas befreien soll, das nicht gut für Sie war. Mögliche Reaktionen ihrerseits:

- ❑ Ja, das kann ich tun.
- ❑ Nicht sofort, vielleicht sollte ich es erst noch besser verstehen und darüber nachdenken.
- ❑ Nein, das bringe ich nicht fertig, ich kann mich nicht dazu entschließen.

Wenn Sie antworten, »Nein, das bringe ich nicht fertig«, dann können Sie sich folgende Fragen stellen:

- ❑ Habe ich Angst, den betreffenden Menschen zu verletzen, ihm wehzutun, ihn aus dem Gleichgewicht zu bringen, von ihm nicht mehr geliebt zu werden?
- ❑ Fürchte ich, dass er/sie das Ganze nicht versteht?
- ❑ Habe ich Angst, dass man mich für verrückt erklärt oder meint, ich wolle mich nur wichtigmachen?
- ❑ Sonstige Frage: ....

....

....

....

Wenn Sie beschließen, diesen symbolischen Schritt zu tun, dem/der anderen etwas zurückzugeben, was von ihm/ihr kam und nicht gut für Sie ist, dann denken Sie über folgende Frage nach:

Welchen Gegenstand habe ich ausgesucht? ....

Ich schreibe folgenden Text, den ich dem Gegenstand beifüge:

....

....

....

....

....

....

....

....

....

....

....

....

....

....

....

....

....

....

....

....

....

Ich lege ein Datum fest, an dem ich meine Entscheidung in die Tat umsetze und der Person den Gegenstand, der meine Rückgabe symbolisiert, und den Brief gebe:

... ... / ... ... / ... ...

Wenn ich vergiftete Botschaften (Werturteile, verdammende Äußerungen, negative Prophezeiungen) oder mir zugefügte Gewalt in mir behalte, dann suche ich ein Foto von mir heraus und weise auf den Teil meines Körpers, in dem ich all das begrabe, eingekapselt halte oder einfach verwahre.

Hier ein Foto einfügen und das, was ich in dem Wissen, dass es nicht gut für mich ist, dennoch in mir behalten will, durch ein Symbol an der betreffenden Stelle markieren.

Durch diesen Schritt, in mir zu »graben«, kann ich mich stärken und wieder etwas mehr Selbstliebe finden, was meine Fähigkeit zu lieben, also Liebe zu geben – steigert, oder mir stärker bewusst machen, wo ich mit meinen Fähigkeiten, mich selbst und andere zu lieben und geliebt zu werden stehe.

In jedem Alter kann ich – das ist das Wunderbare an menschlichen Beziehungen – eine nicht abgeschlossene Situation meiner Kindheit abschließen, ein Gutteil meiner persönlichen Vergangenheit wieder in Ordnung bringen, diese oder jene Erfahrung, die mir nicht gutgetan hat, in einen neuen Rahmen stellen oder bestimmten Episoden meines Lebens einen anderen Sinn verleihen.

Um das zu erreichen, kann ich allmählich Worte dafür finden, aus dem Schweigen heraustreten, indem ich entweder Empfangenes zurückgebe oder gegenüber einigen wichtigen Menschen in meinem Leben anders Stellung beziehe.

Ist mir die Rückgabe nicht gelungen, kann ich alternativ versuchen, den Sinn meiner körperlichen Symptome, die Bedeutung meiner sich wiederholenden Lebensmuster und einiger meiner Lebensszenarien zu verstehen.

Und schließlich kann ich meine Verantwortung als Elternteil (falls das auf mich zutrifft) besser wahrnehmen und das stillschweigende Gesetz miteinbeziehen, das die Kommunikation zwischen den Generationen bestimmt: Ein Problem, das in einer Generation ungelöst bleibt, läuft Gefahr, sich bei den folgenden Generationen zu wiederholen, entweder in direkter Linie oder indem eine Generation übersprungen wird.

Zurück zu einigen Grundgedanken rund um Leben, Liebe und Lebensenergie

Wenn ich hier meinen kleinen persönlichen Kosmos beschreibe, formuliere ich eigentlich nur einige Überzeugungen, die mein Leben strukturiert haben. Für mich sind sie Orientierungspunkte, Richtlinien, Verankerungen, die meine gesamte Arbeit als Dozent geleitet haben. Ich schlage sie Ihnen respektvoll und mit der gebotenen Zurückhaltung vor und habe dabei ein offenes Ohr für jeden.

Ich glaube (aber es ist wirklich nur etwas, das ich glaube), dass wir im Augenblick unserer Empfängnis, in jenem wunderbaren Moment, in dem eine Eizelle von einem Spermium in einem Aufeinandertreffen von Wünschen (ähnlichen, gegensätzlichen, freiwilligen oder aufgezwungenen) befruchtet wird, die Entsprechung von drei Samenkörnern erhalten. Dieses Bild drängt sich mir seit einigen Jahren immer wieder mit großer Kraft auf.

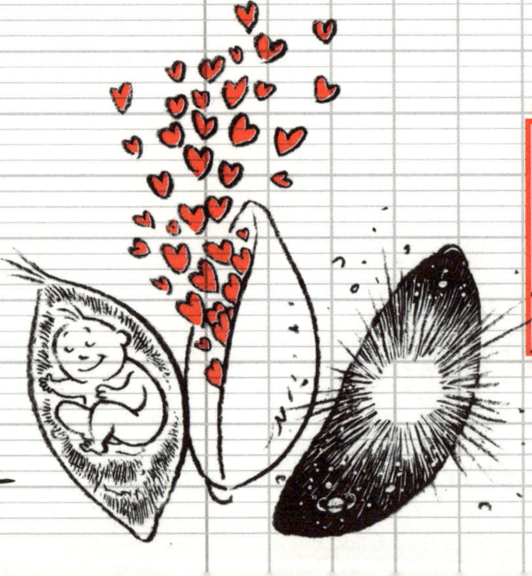

Ein Samenkorn des Lebens, eines der universellen Liebe, ein Samenkorn der kosmischen Energie.

Es ist die Bestimmung der drei Körner, dass sie uns unser ganzes irdisches Leben lang innewohnen und unterschiedliche Formen der Dynamik entwickeln: die Dynamik, wachsen und sich zu entfalten zu können; die, einfach gehortet zu werden, oder die, aufgebraucht zu werden. So verstehe ich unseren Weg auf dieser Erde: Entweder er ermöglicht uns, dem Universum mehr Leben, Liebe und Energie zurückzugeben, als wir anfangs erhalten haben, wenn wir unsere körperliche Hülle verlassen oder aber wir haben nichts weiter vorzuweisen als die Überbleibsel, den Rest, der noch übrig ist von dem, was wir vom Leben, der Liebe und der Energie in uns verbraucht, verschwendet oder gewaltsam behandelt haben.

Das mag Ihnen jetzt als eine heikle oder erhebende, schwierige oder magische Mission erscheinen, voller Möglichkeiten oder unmöglich zu verwirklichen. Es liegt bei Ihnen, sich zu fragen, ob Sie die Mission annehmen oder ablehnen, sie wachsen lassen oder momentan noch in der Schwebe lassen wollen ...

Welche Einstellung Sie auch immer dazu haben, ich lade Sie ein, sich auf die folgenden Übungen einzulassen. Sie stehen in direktem Zusammenhang mit den Themen dieses kleinen Übungshefts: lernen, sich selbst zu lieben, andere zu lieben und – warum nicht – geliebt zu werden!

Übung 10
Anerkennen und bestätigen

Diese Übung ermöglicht,

- … das LEBEN, das ich in mir trage und von meinen Erzeugern erhalten habe, anzuerkennen und zu bestätigen.

- … meine Eltern dafür anzuerkennen und ihnen zu danken, dass sie mir dieses LEBEN gegeben haben, das mir innewohnt, das in mir zirkuliert, das mein ganzes Wesen durchdringt und nährt.

Ich symbolisiere das LEBEN, das ich im Moment meiner Empfängnis erhalten habe, durch einen Gegenstand (einen seltenen Stein, ein Samenkorn meiner Wahl, eine Perle …). Und ich veranschauliche mit diesem Gegenstand folgende Dimension meiner selbst:

Ich zeichne meinen Gegenstand oder klebe ein Foto von ihm hierhin.

Anschließend versuche ich, einen Dankesbrief an meine Mutter und einen weiteren an meinen Vater zu schreiben, um beiden dafür zu danken, dass Sie mir das LEBEN geschenkt haben, das ich in mir trage. Das tue ich auch dann, wenn ich momentan eine schwierige Beziehung voller Verbitterung oder Streit mit einem von ihnen habe. Ich schreibe also einen persönlichen Brief, in dem ich ihnen von Herzen dafür danke, dass sie mich empfangen haben. Egal, welches Verlangen oder Nicht-Verlangen im Augenblick meiner Empfängnis zwischen ihnen zirkuliert haben mag, ich danke ihnen dafür, dass sie mir das LEBEN gegeben haben.

Indem ich akzeptiere, den symbolischen Gegenstand, der mein LEBEN repräsentiert, immer bei mir zu tragen und ihm mehr Aufmerksamkeit und Wohlwollen zukommen zu lassen, kann ich mich besser mit dem Leben verbinden. Ich kann ihm mehr Fürsorge und Beachtung schenken und die Art meiner Beziehung zum LEBEN, das in mir fließt, besser einschätzen. Habe ich eine Beziehung der Misshandlung, des Missbrauchs, der Gewalt, des Nichtrespektierens seiner wahren Erfordernisse? Oder habe ich eine zärtliche, wohlwollende, unterstützende, verstärkende Beziehung zum Leben?

....

....

Ich frage mich nach Krankheiten, Unfällen, Zerreißproben, die meinem Leben zugesetzt und es angegriffen haben und schreibe meine Betrachtungen auf:

....

....

Kann ich angesichts dessen, was ich gerade aufgeschrieben habe, meinen Anteil der Verantwortung einschätzen?

....

....

Ich ziehe Bilanz in Bezug auf das, was mir geholfen und mir ermöglicht hat, diese Wendungen des Schicksals oder Belastungsproben durchzustehen.

....

....

An Dich, Mutter

An Dich, Vater

Übung 11

Die Fackel des LEBENS weitergeben

Wenn ich ein Kind oder mehrere habe, kann ich irgendwann einmal jedem von ihnen einen anderen Gegenstand schenken (einen Stein, ein Samenkorn, eine Perle oder etwas anderes) der das LEBEN symbolisiert, das ich ihnen (mithilfe ihres Vaters/ihrer Mutter) geschenkt habe. Ich kann sie daran erinnern, dass es während ihrer Kindheit uns als Eltern obliegt, darauf zu achten, dass dieses LEBEN in ihnen wächst, während diese Verantwortung im Erwachsenenalter ganz bei ihnen selbst liegt. Und dass sie vielleicht eines Tages ihrerseits LEBEN weitergeben werden!

Welchen Gegenstand habe ich ausgewählt, um das Saatkorn des LEBENS zu symbolisieren, das ich als Elternteil an sie weitergegeben habe?

....

Welchen Gegenstand können sie sich aussuchen, um das Saatkorn der Liebe in ihnen zu symbolisieren?

....

Welchen Gegenstand können sie als Symbol für das Saatkorn der Energie wählen, die sie bei ihrer Zeugung als Vorrat erhalten haben?

....

Noch einmal zu mir

Während eines Großteils meiner Kindheit, Jugend und meines Erwachsenenalters war ich jemand, der oft schlecht mit dem LEBEN umging, das er in sich trug – und das sehr, sehr hartnäckig und unbewusst. Zunächst offensichtlich deswegen, weil ich nichts davon wusste, dass ich eine Parzelle des LEBENS erhalten hatte, dann aber auch, weil ich sicherlich eine Form der Angst in mir trug, die mich dazu trieb, meinen Körper, meine Lebenskraft, meine Vorhaben und natürlich meine Liebes- und anderen Beziehungen auf die Probe zu stellen.

In meinen Liebesbeziehungen prüfte ich häufig, wie standhaft die Verbindung war – auf paradoxe Weise: dadurch, dass ich sie malträtierte. Ich stellte die Gefühle meiner Partnerin (quasi kontinuierlich) auf die Probe, indem ich die emotionalen Beziehungen mit unmöglichen Wünschen und Forderungen und absurden oder unangemessenen Vorschlägen belastete. Mein Verhalten basierte auf Forderungen, Schuldzuweisungen, Schmollen (eine meiner großen Spezialitäten bis zum Alter von fast 40 Jahren!).

So war ich lange ein Experte für psychosomatische Symptome – darin, sie hervorzubringen, nicht darin, sie zu heilen!

Ich war mir nicht im Geringsten des LEBENS bewusst, das ich in mir und anderen misshandelte, besonders in der Frau, die mein Leben teilte und die mir im Alltag am nächsten war, mit der ich Kinder in die Welt gesetzt, Pläne geschmiedet und fantastische Lebensträume gehabt hatte.

Zwei strukturierende Erfahrungen haben aber dazu geführt, dass ich Folgendes herausfand:

- **einerseits, wie ich meinen Kindern das LEBEN gegeben hatte,**

- **andererseits, wie ich das LEBEN von meinen Eltern erhalten hatte.**

Die erste Erfahrung hatte ich mit 49 Jahren. Ich betrachtete meine älteste Tochter, nicht zerstreut, sondern ganz aufmerksam. Sie war damals 25 Jahre. Und zum ersten Mal bemerkte ich - wie soll ich es ausdrücken - eine Aura, eine Ausstrahlung, einen subtilen Hauch in der Luft um sie herum ... das LEBEN, das in ihr war. Es war wie eine Erleuchtung, die sich schnell in eine Abfolge furchtbarer Fragen wandelte. Ich hatte viel für sie getan, wie für alle meine Kinder.
Ihre Mutter und ich waren auf ihre Bedürfnisse eingegangen:

- auf ihre **Grundbedürfnisse** (Nahrung, Sicherheit, Kleidung, ein Dach über dem Kopf, eine relativ komfortable und wohlwollende Umgebung),

- auf ihre **Erziehungs- und Ausbildungsbedürfnisse** (Grund- und weiterführende Schulen, Universität),

- auf ihre **Bedürfnisse, geliebt zu werden** (wenigstens hatte ich das geglaubt),

- auf ihre **Sozialisationsbedürfnisse** und auch

auf **viele ihrer Wünsche.** Wir hatten also viel für sie getan, für das Baby, das kleine Mädchen, die Jugendliche, die junge Erwachsene, die sie geworden war. Doch ich entdeckte verblüfft, dass ich nichts für das LEBEN in ihr getan hatte.

Ich weiß, es ist schwierig, den Unterschied zwischen dem MENSCHEN und dem LEBEN, das in ihm ist, zu erkennen.

Darüber hinaus möchte ich Sie wirklich einladen, sich etwas Zeit zu nehmen, um Ihre Kinder, Ihren Lebenspartner oder einen Freund lange zu betrachten. Beginnen Sie mit einer Ihnen nahestehenden Person und üben Sie, das LEBEN in ihr zu SEHEN.

Stellen Sie sich zum Beispiel ihr gegenüber aufrecht hin und geben Sie sich die Anweisung, nicht die betreffende Person (ihr Gesicht, ihre Augen, ihren Körper) anzusehen, sondern den Bereich um sie herum, ohne sich von der Landschaft oder dem Zimmer, in dem Sie sind, ablenken zu lassen.

Sie können auch – während Sie sich immer noch gegenüberstehen oder -sitzen – Ihre Hände mehrere Zentimeter vom Kopf des anderen entfernt halten und sanft einen leichten Druck ausüben, eine leichte begleitende Streichelbewegung. Sie werden einen Widerstand spüren, mit einer Konsistenz wie von einer schwingenden Hülle.
Es ist eine bewegende, außergewöhnliche Erfahrung, die jeder machen kann. **Wagen Sie es!**

Von da an nagte eine quälende, bohrende Frage an mir: Ihre Mutter und ich hatten zwar viel für dieses Kind (und für meine vier anderen Kinder) als Mensch getan, aber was hatten wir für das LEBEN in ihnen getan?

Nichts. Gar nichts.

Wohl hatte ich die Grundbedürfnisse, die Bedürfnisse nach Liebe, Erziehung und Sozialisation miteinbezogen, die mit ihr als Person zusammenhingen, aber ich wusste nicht einmal, welches die Bedürfnisse waren, die das LEBEN in jedem Menschen betreffen, ebenso wenig, wie ich die Bedürfnisse des LEBENS in mir kannte!
Das Ergebnis dieser Arbeit – denn es war eine Arbeit im wahrsten Sinne des Wortes! – mündete in der Entdeckung, dass wir alle (und das gilt für alle Kulturen) Beziehungsbedürfnisse haben. Dass jedes Lebewesen Träger von Beziehungsbedürfnissen ist, die in der Lage sind, das LEBEN, das in ihm ist, zu nähren

Bedürfnisse, die man allerdings nicht mit Verlangen und Wünschen verwechseln sollte.

Erst als ich meinen »Erzeuger« wiederfand (seinen Aufenthaltsort ausfindig zu machen war ein langwieriges Unterfangen) – ich war 50, er 65 – wurde mir wirklich bewusst, dass es tatsächlich er gewesen war, der mich mit nur 15 Jahren zusammen mit meiner Mutter, zu jener Zeit 18, gezeugt hatte. Doch unter dem Einfluss seiner eigenen Mutter hatte er seine erste Liebe und sein Kind verlassen, und ein halbes Jahrhundert lang kam kein Lebenszeichen mehr von ihm – weder an meine Mutter noch an mich. Er hieß Pierre (wenige Jahre später, 1992, starb er). Dieser ersten Begegnung folgten noch weitere und wir lernten uns langsam, respektvoll kennen, schätzen und lieben. Doch am Tag, nachdem ich ihn in die Arme schließen konnte, war ich in der Lage, ihm zu sagen: »Pierre, ich werde nicht den Rest meines Lebens damit zubringen, dir vorzuwerfen, dass du Mutter verlassen hast und ich nichts mehr von dir gehört habe. **Ich danke dir einfach nur dafür, dass du mir das LEBEN geschenkt hast.** Mit Mutters Hilfe natürlich. Ohne diese Gabe hätte ich dieses Leben nicht gehabt, das manchmal schwierig und leidvoll war und dann wieder wunderbar und erstaunlich. Ich hätte keine Bücher geschrieben, keine Kinder bekommen, also nicht meinerseits LEBEN gegeben, ich wäre nicht gereist, hätte nicht geatmet, nicht geliebt.
Ich bin dir wirklich enorm dankbar ...«

Er war sehr gerührt, ebenso wie ich - mehr, als es in diesen wenigen Zeilen zum Ausdruck kommt.

So kam es, dass ich mir des LEBENS, das in jedem Augenblick in mir ist, bewusst wurde, es anerkannte und dadurch lernte mich selbst zu lieben - und dadurch konnte ich wiederum andere besser lieben.
Ich brauchte also ein halbes Jahrhundert, bis ich es wagte mich selbst lieben zu lernen und in mir die Möglichkeit wachsen zu lassen, zu lieben und besser anzunehmen geliebt zu werden.

Ziehen Sie Bilanz und gehen Sie weiter ... mit dem, was Sie herausgefunden haben

Wenn jeder von Ihnen nach diesen Übungen das **Leben**, die **Liebe** und die **Energie**, die Sie bei der Empfängnis als Vorrat erhalten haben, besser wahrnehmen könnten ...
und wenn Sie gelernt haben, besser für dieses dreifache Potenzial, das in Ihnen oder um Sie herum ist, Sorge zu tragen ...

... dann haben Sie bestimmt auch gelernt, sich selbst besser zu lieben. Und eben dadurch können Sie offener sein, aufgeschlossener dafür, zu lieben oder geliebt zu werden; Sie haben ein sensibleres Gespür für gegenseitige Abhängigkeiten und Verflechtungen, für mögliche Verbindungswege[5] und dafür, diese drei Dinge, um die es geht, zu verstärken: sich selbst lieben, andere lieben und geliebt werden.
Ein Anfang ist gemacht – das Werk ist begonnen; Auswirkungen, Erfolge und offene Perspektiven werden sich zeigen und Ihrem Dasein neue Farbe verleihen.
Das wünsche ich Ihnen allen.

5 »Brücken und Verbindungsstege zwischen meiner Lebensgeschichte und meinen Lebensepisoden errichten. Ereignisse, Situationen, Begegnungen und Emotionen miteinander in Verbindung bringen, um daraus ein Gerüst für meine Fragen zu erstellen.« Jacques Salomé

Übung 12

Einige unserer Voraussetzungen und Möglichkeiten bestätigen

Aufbauend auf den bisherigen Übungen können Sie mithilfe dieser Übung einige Schritte tun, um allmählich zu lernen – oder zu bestätigen –, dass es möglich ist zu lieben, ganz unabhängig von Ihrer individuellen Situation. Sie sollten sich etwas Zeit nehmen, um einige Pseudo-Arten der Liebe zu durchschauen, die Sie hervorbringen, anbieten oder empfangen könnten!

Ich habe Liebe in mir, die ich mir selbst entgegenbringe. Nun stellt sich die Frage: Bin ich fähig, mich anderen zuzuwenden, um diese Liebe zu geben, sie jemandem zu schenken, oder neige ich dazu, sie aufzusplitten und auf mehrere Personen zu verteilen?

....

Habe ich sozusagen »Liebesverstopfung«, halte ich meine Liebe in mir zurück und vermeide unter allen Umständen, sie zu geben? Behalte ich meine Liebe ein?
☒ Ja ☐ Nein

Bin ich ein Kapitalist der Liebe? Jemand, der die Liebe, die er hat, hortet und sich hütet, sie zu schenken, sie zu geben?
☐ Ja ☐ Nein

Ist meine Liebe unbeständig, flatterhaft, so vergänglich wie ein Tautropfen?
☐ Ja ☐ Nein

War es Liebe auf den ersten Blick? (bei der es, wie meine Großmutter zu sagen pflegte, eher um den Blick (auf das Aussehen) geht als um Liebe)?
❑ Ja ❑ Nein

Ist meine Liebe an Bedingungen geknüpft? An die Bedingung, dass ich wiedergeliebt werde; an die, dass die geliebte Person meine Mutter (oder meinen Vater) mag; an die, dass sie meinen Wünschen (vor allem meinen sexuellen Wünschen) nachkommt?
❑ Ja ❑ Nein

Ist es eine platonische Liebe, die keine Zeichen der Liebe fordert und nichts weiter möchte, als dass der/die Betreffende akzeptiert, von mir geliebt zu werden?
❑ Ja ❑ Nein

Wenn ich erkannt habe, dass ich Liebe in mir trage, die ich schenken, teilen oder wachsen lassen kann, wenn sich diese Liebe in einer Begegnung offenbaren konnte, wenn ich herausfinde, dass diese Begegnung gut für mich ist, und ich spüre, dass sie auch dem/der anderen guttut, wie kann ich sie dann in eine Partnerschaft umwandeln?

....

....

....

Man sollte wissen, dass in diesem Übergang von der kurzfristigen Liebesbegegnung zur Partnerschaft viel geklärt werden muss – andernfalls könnte es schon sehr bald zu Missverständnissen oder Konflikten kommen.
Aber das ist eine andere Geschichte und es bleibt jedem selbst überlassen, sie so zu gestalten, dass das Beste beider Beteiligter in die Beziehung einfließt.

Notfall-Kit für zwischenmenschliche Beziehungen, für den unwahrscheinlichen (oder häufigen) Fall, dass wir eine Beziehung verletzen, die uns am Herzen liegt!

Bei einer Auseinandersetzung, einem Konflikt oder einer etwas lebhafteren Diskussion kann es passieren, dass wir eine Beziehung verletzen und vor allem unserem Gegenüber sehr wehtun. Dieser Mensch sind unter Umständen wir selbst, wenn uns ein Wort, eine Handlung oder ein Verhalten, das nicht gut für uns war, verletzt.

Unter diesen Umständen kann es wichtig sein, einen Notfallkoffer parat zu haben, um erste Blessuren zu lindern und zu verhindern, dass die Beziehung, an der uns etwas liegt, sich weiter infiziert. Dieser Notfallkoffer sollte folgende Dinge enthalten:

EINE ROTE KARTE (für uns oder unser Gegenüber) als Zeichen und Aufforderung, dass die Worte, das Verhalten oder die Botschaften, die verletzend waren (die uns verletzt haben), zurückgegeben werden sollen.

EIN FLÄSCHCHEN MIT EINEM LEICHTEN DESINFEKTIONSMITTEL bestehend aus Worten des Bedauerns und klärendem Hinterfragen, mit dem die Empfindung des Verletztseins, der Demütigung oder der Herabsetzung bei demjenigen geheilt werden kann, der sich von einem Verhalten oder einer Äußerung, die er als unfair empfand, angegriffen fühlte.

DIE DARSTELLUNG EINES SYMBOLISCHEN GEGENSTANDS, um eine Rückgabe der empfangenen Gewalt vorzuschlagen, selbst wenn diese unbeabsichtigt war.

EINE GELBE KARTE, um daran zu erinnern, dass es möglich ist, auf die Bestätigung zurückzugreifen (anzuhören, was aus der Sicht des Gegenübers vor sich geht; seine/ihre Empfindungen nachzuvollziehen).

EINEN NOTFALL-BEZIEHUNGSSCHAL, um zu veranschaulichen, dass eine Beziehung zwei Seiten – zwei »Enden« – hat und dass jeder für sein »Ende« verantwortlich ist.

MEHRERE SPEZIALVERBÄNDE auf Basis von Aufmerksamkeit und der Bereitschaft, seinem Gegenüber zuzuhören, um nachzuvollziehen, was in ihm/ihr aufgerührt wurde, und eventuell eine alte Verletzung, die wieder aktiviert wurde, verstehen und vielleicht lindern zu können.

EINE TUBE MIT BELEBENDER SALBE für denjenigen, der die Verletzung (evt. sogar unabsichtlich) zugefügt hat. Mit energischen Bewegungen auf Gesicht und Händen einreiben. (Man kümmert sich nicht genug um den, der ungeschickt war oder verletzend war.)

EINE PACKUNG HEFTPFLASTER, als Schutz für zu starke Empfindsamkeit und »Dünnhäutigkeit«, die einen zu schnell gereizt reagieren lässt.

EINEN MUNTERMACHER, ein Stärkungsmittel, das demjenigen, der etwas zurückgeben will, ein bisschen mehr Mut verleiht.
Einen Rezeptblock für den persönlichen Gebrauch, der das Rezept enthält, wie Sie sich selbst schützen können.

Das Ganze angeboten aus unmittelbarer **NÄHE**, damit es möglich ist, hörbar zu atmen, um eine Emotion zu begleiten, die den anderen aus der Fassung bringt oder erschüttert.

Ergänzen Sie die Liste nach Belieben, je nach Ihren sensiblen Bereichen, Ihren Überzeugungen und der Größe des Erste-Hilfe-Koffers, den Sie vorschlagen wollen!

Zum Weiterlesen

Salomé, Jacques: *Einfühlsame Kommunikation. Auf dem Weg zu einer innigen Verbindung mit sich selbst. Die Methode ESPERE.* Junfermann, Paderborn 2006.

Salomé, Jacques: *Papa, was ist Liebe?* Ariston, München 2000.

Salomé, Jacques: *Buddhas Erwachen.* Hugendubel, München 2002.

Rosenberg, Marshall B.: *Gewaltfreie Kommunikation. Eine Sprache des Lebens.* Junfermann, Paderborn 2012 (10. Aufl.).

Wilke, Monika: *Übungsbuch Einfühlsame Kommunikation. Mit sich selbst ins Reine kommen. Die Grundlagen der Methode ESPERE in zehn Schritten.* Junfermann, Paderborn 2008.

Institut ESPERE international:
http://www.institut-espere.com/die-methode-espere.html

Netzwerk ESPERE, s. www.netzwerk-espere.com/

Streitfrei:
http://www.streitfrei.net/espere.html

Die Website des Autors:
http://www.j-salome.com/01-info/accueil.php (französischsprachig)

Ich erkläre mir selbst gegenüber:

Meine Entschlüsse: